Lauter Hauptrollen

Überall auf der Welt werden Speisen in essbare Hüllen gewickelt. Was den Ungarn die Palatschinken, den Franzosen die Crêpes, den Vietnamesen die Frühlingsrollen oder den Japanern die Sushi sind, das sind in der Tex-Mex-Küche die Wraps. Für die kulinarischen Geschwister der Sandwiches werden weiche Tortillafladen gefüllt und gewickelt. Sie sind schnelles Abendessen, praktisch für die Mittagspause oder genialer Partysnack. Tacos heißen die knusprigen Maistortillas, die hier zeigen, dass sie mehr können als dippen. Regeln gibt es bei der Zubereitung dieser Fastfood-Varianten nicht – nur tolle Ideen. Lassen Sie sich von den genussvollen Rezepten einwickeln …

AUF DEM TITELBILD SEHEN SIE
CAESAR-SALAD-WRAPS
MIT HUHN VON SEITE 21

FRISCH GEFÜLLT

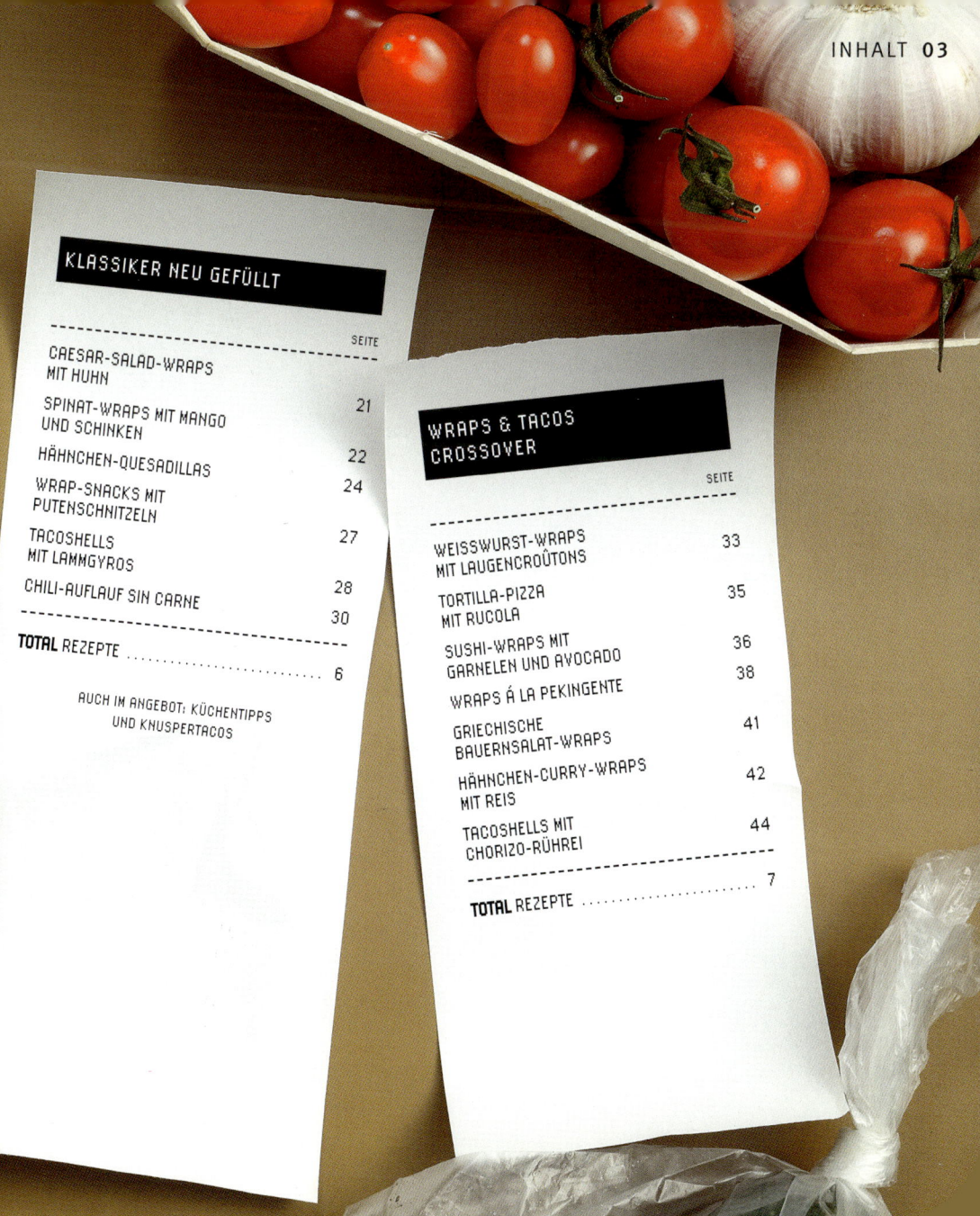

KLASSIKER NEU GEFÜLLT

AUCH IM ANGEBOT: KÜCHENTIPPS
UND KNUSPERTACOS

WRAPS & TACOS CROSSOVER

KLEINE WRAP-KUNDE

WAS GIBT ES FÜR TORTILLAS?

WIE ERWÄRME ICH DIE TORTILLAS?

WRAPS ZU JEDER GELEGENHEIT –
WIE WICKELE ICH WRAPS?

KANN ICH WEIZEN-TORTILLAS
AUCH SELBER MACHEN?

Es gibt Tortillas aus Mais- sowie aus Weizenmehl. **Maistortillas** eignen sich nicht zum Wrappen, weil sie knusprig sind und leicht brechen. Im Supermarkt finden Sie aber auch flexible **Weizen-Tortillas**, mit denen das gut klappt: Zum Einen gibt es Soft-Tacos mit einem Durchmesser von circa 14 cm. Die nächstgrößere Tortilla-Variante hat einen Durchmesser von circa 18 cm. Die großen Wrap-Tortillas haben schließlich einen Durchmesser von ca. 24 cm; wie der Name schon sagt, sind sie am besten zum Einwickeln geeignet.

Am einfachsten ist es, die Tortillas in einer **Pfanne** ohne Fett bei mittlerer Hitze 30 Sek. auf jeder Seite zu backen. Ein besonders hübsches **Muster** bekommen die Tortillas, wenn Sie hierfür eine heiße Grillpfanne benutzen und die Tortillas während des Backens z. B. mit einem randlosen Topfdeckel leicht andrücken. Tortillas nach dem Backen zwischen einem gefalteten Geschirrtuch stapeln, so bleiben sie weich.

Für oben offene **Tüten-Wraps** verteilen Sie die Füllung einfach in der Längsmitte. Nun erst den unteren Rand, dann einen Seitenrand auf die Füllung klappen. Tortilla nun zur anderen Seite aufrollen. Tüten am besten mit Hölzchen fixieren und eventuell mit einer Papierserviette umwickeln. Tüten aufrecht in einem Glas o.Ä. sofort servieren. Wenn Sie Wraps zum Picknick oder zur Arbeit mitnehmen möchten, empfiehlt sich die geschlossene **Wrap-Rolle**. Hierfür die Füllung auf dem unteren Tortilladrittel verteilen, erst die Seitenränder einschlagen, dann den unteren Rand auf die Füllung klappen und mit leichtem Druck zum oberen Rand aufrollen. Wraps nun fest in Backpapier wickeln, die Enden wie bei einem Bonbon zudrehen. Zum Servieren die Pakete in der Mitte schräg durchschneiden und direkt aus dem Papier essen.

Ja, ganz einfach sogar. Für 4 Stück 150 g Weizenmehl (Type 550) und 1 gestrichenen TL Salz mischen. Nach und nach 2 EL Rapsöl und 6−8 EL warmes Wasser dazugeben. Erst mit den Knethaken des Handrührgeräts, dann mit den Händen zu einem glatten **Teig** verkneten. Zu einer Kugel geformt 30 Min. abgedeckt ruhen lassen. Teig in vier Portionen teilen, durchkneten und auf der leicht bemehlten Arbeitsfläche zu runden **Fladen** (ca. 24 cm Ø) ausrollen, abdecken. Nacheinander in einer Pfanne ohne Fett bei mittlerer Hitze auf jeder Seite 1−2 Min. backen, bis die Tortilla braune Flecken bekommt. Wenn sich der Teig **aufbläht**, mit einem Pfannenwender leicht andrücken, damit der Fladen gleichmäßig durchbackt. Wie oben beschrieben warm halten, bis alle Tortillas gebacken sind.

3

4

6

SCHNELLES ZUM DIPPEN

Sie haben große Lust auf Tacochips mit Dips & Salsas – aber keine Lust auf Fertigsaucen? Diese Saucen sind im Handumdrehen fertig. Alle Rezepte sind für 2 Personen. Übrigens: Auch mit Sticks von Möhre, Gurke, Staudensellerie und Paprika lässt es sich prima dippen.

1 SCHARFER KÄSEDIP 1 kleine Zwiebel schälen, fein würfeln und in 1EL erhitzter Butter glasig dünsten. 1 Knoblauchzehe schälen, dazupressen und kurz mitdünsten. 150 g Crème fraîche und 1/4 TL Sambal oelek einrühren. 200 g geriebenen Gouda darin langsam unter Rühren schmelzen lassen. Nach Belieben mit 2 EL weißem Rum und Sambal oelek abschmecken. Den Dip unbedingt warm servieren, beim Abkühlen wird er schnell fest.

2 PAPRIKA-ERDNUSS-SALSA Je 1 Zwiebel und Knoblauchzehe schälen, würfeln. Beides für 30 Sek. in wenig kochendes Wasser geben. Abgießen, kalt abschrecken, abtropfen lassen. Blättchen von 5 Stängeln Pfefferminze waschen und abtrocknen. 200 g gegrillte rote Paprikaschoten (aus dem Glas), 40 g geröstete, gesalzene Erdnusskerne, Zwiebel, Knoblauch und Minze mit 1–2 EL Zitronensaft im Mixer pürieren. Salsa mit Salz und Tabascosauce abschmecken.

3 FRISCHKÄSE-LIMETTEN-DIP 200 g Doppelrahmfrischkäse, 100 g saure Sahne, fein abgeriebene Schale und 2 EL Saft von 1 Bio-Limette verrühren. 4–6 EL süßscharfe Chilisauce untermischen. Feine Röllchen von 1 kleinen Bund Schnittlauch untermischen, eventuell salzen.

4 ROTE-BETE-SALSA MIT CHORIZO 80 g Chorizo (spanische Paprikawurst, im Stück; ersatzweise durchwachsener Speck) in 1/2 cm kleine Würfel schneiden und in 2 EL heißem Olivenöl in einer Pfanne bei mittlerer Hitze knusprig braten. Chorizo herausnehmen. 1 Zwiebel schälen, würfeln und mit 1/2 TL Kreuzkümmelsamen im Bratfett glasig braten. Mit 250 g grob gewürfelten gegarten Roten Beten (Vakuumpack) und 2 EL Obstessig pürieren. 1/2 Bund Koriandergrün waschen, trocken schütteln, und Blättchen fein hacken. Mit der Chorizo unter die Salsa mischen. Die Salsa mit Salz und Cayennepfeffer pikant abschmecken.

5 EDELPILZKÄSE-DIP 150 g Edelpilzkäse mit einer Gabel fein zerdrücken. 200 g saure Sahne und 3 EL Mayonnaise untermischen. Mit 2–3 EL Zitronensaft abschmecken. Feine Röllchen von 1 kleinen Bund Schnittlauch unter den Dip mischen und eventuell salzen.

6 AVOCADO-DIP MIT FETA 1 große Avocado halbieren und entkernen. Fruchtfleisch mit einem Esslöffel aus der Schale heben und in einen Rührbecher geben. 1/2 Knoblauchzehe schälen und dazupressen. 2 EL Zitronensaft und Olivenöl zugeben. Alles pürieren. 150 g Feta mit einer Gabel fein zerdrücken und untermischen. Den Acocado-Dip mit 1 Prise Cayennepfeffer abschmecken und eventuell salzen.

FRISCH
GEFÜLLT

THUNFISCH-WRAPS
MIT AVOCADO UND TOMATE

mit Koriander-Kick

1 Bio-Limette ++ 80 g Salatmayonnaise ++ Salz ++ 1 reife Avocado ++ 200 g Tomaten ++ 1/2 Bund Koriandergrün ++ 2 Thunfischsteaks (à 150 g) ++ 2 EL Rapsöl ++ Cayennepfeffer ++ 3 TL ungeschälte Sesamsamen ++ 1 Packung Tortilla-Wraps (280 g, 4 Stück)

Für 2 Personen │ Zubereitung **20 Min.** │ Pro Person ca. **1290 kcal, 47 g EW, 92 g F, 70 g KH**

1 Limette heiß waschen. 1 TL Schale fein abreiben, mit Mayonnaise und Salz verrühren. Limettensaft auspressen. Avocado längs halbieren und entkernen. Fruchtfleisch aus der Schale heben und würfeln, mit 2 EL Limettensaft mischen. Tomaten waschen und in Spalten schneiden, dabei Stielansätze entfernen. Korianderblättchen abzupfen. Thunfisch trockentupfen. Rundum mit 1 EL Rapsöl bestreichen, mit Cayennepfeffer würzen und mit Sesam bestreuen, alles andrücken.

2 Eine Grillpfanne erhitzen, 1 EL Öl darin verlaufen lassen. Thunfisch darin 2 Min. grillen, wenden und 1 Min. weitergrillen. Den Thunfisch herausheben.

3 Tortillas nach Packungsangabe erwärmen. Thunfisch quer in 1 cm dicke Scheiben schneiden. Mayonnaise auf den Tortillas verstreichen, dabei rundum einen 2 cm breiten Rand frei lassen. Mit Tomaten, Avocado und Thunfisch belegen, salzen und mit Koriander bestreuen. Ränder einschlagen und die Wraps aufrollen (s. Seite 5).

WRAPS MIT STEAKS

American
Style

IN WHISKEYMARINADE

100 ml Whiskey
3 EL Tomatenketchup
4 EL Rübensirup (Bioladen)
1 EL extrascharfer Senf
1 EL Worcestersauce

1 Knoblauchzehe
2 dicke Rinderhüftsteaks (à 200 g)
250 g rote Zwiebeln | 3 EL Öl | Salz
4 Chili-Jalapeño-Wraps
1 kleine Dose Maiskörner (140 g)

Für 2 Personen | Zubereitung **30 Min.** | Marinierzeit mindestens **4 Std.**
Pro Person ca. **1290 kcal, 63 g EW, 30 g F, 162 g KH**

1 Whiskey, Ketchup, Sirup, Senf und Worcestersauce in einem Gefrierbeutel mischen. Knoblauch schälen und dazupressen. Die Steaks in den Beutel geben, verschließen und das Fleisch darin durchkneten. Im Kühlschrank mindestens 4 Std. marinieren, dabei gelegentlich durchkneten.

2 Zwiebeln schälen und in 1/2 cm dünne Ringe schneiden. In einer Pfanne 2 EL Öl erhitzen, Zwiebeln darin bei mittlerer Hitze unter gelegentlichem Wenden glasig braten. Inzwischen die Marinade großzügig von den Steaks streifen, Steaks beiseitelegen. Marinade in einen kleinen Topf geben, aufkochen und bei schwacher Hitze 6–8 Min. kochen lassen, bis die Sauce eindickt. Salzen und abkühlen lassen.

3 Eine Grillpfanne erhitzen, 1 EL Öl darin verlaufen lassen. Die Steaks salzen und rundum 6 Min. grillen, dabei nach dem Wenden mit etwas Sauce bestreichen.

4 Inzwischen die Tortillas nach Packungsangabe erwärmen. Den Mais abtropfen lassen. Steaks quer in Streifen schneiden. Tortillas mit etwas Sauce bestreichen, dabei rundum einen 2 cm breiten Rand frei lassen. Zwiebeln, Mais und Steakstreifen darauf verteilen. Die Ränder einschlagen und die Tortillas aufrollen (s. Seite 5). Mit grünem Salat servieren.

SCHAWARMA MIT LAMM

Dubai Style

400 g Lammfleisch
(aus der Keule oder Schulter)
1/2 TL Kreuzkümmelsamen
3 Kardamomkapseln
80 g Sahnejoghurt
je 1/4 TL Cayennepfeffer, edelsüßes Paprikapulver, Muskatblüte und Zimt
Salz | 4 EL Zitronensaft

4 Knoblauchzehen
3 EL Tahin (Sesammus)
250 g TK-Pommes frites
1/2 Bund glatte Petersilie
Tabascosauce | 2 EL Olivenöl
2 Tomaten
1 Packung Tortilla-Wraps (280 g, 4 Stück)
oder arabisches Fladenbrot

Für 2 Personen | Zubereitung **40 Min.** | Marinierzeit mindestens **4 Std.**
Pro Person ca. **1295 kcal, 53 g EW, 71 g F, 105 g KH**

1 Fleisch in 4 cm große Stücke schneiden. Kreuzkümmel ohne Fett rösten. Kardamomkapseln aufbrechen. Samen mit Kreuzkümmel im Mörser fein zerstoßen. Mit Joghurt, Cayennepfeffer, Paprika, Muskatblüte, Zimt, 1/2 TL Salz und 2 EL Zitronensaft in einen Gefrierbeutel geben. Den Knoblauch schälen, 3 Zehen dazupressen. Das Fleisch dazugeben und den Beutel verschließen, durchkneten. Im Kühlschrank mindestens 4 Std. marinieren, dabei gelegentlich durchkneten.

2 Backofengrill vorheizen. Fleisch auf einem mit Alufolie ausgelegten Blech (oben, Umluft nicht empfehlenswert) 10 Min. grillen, einmal wenden. Tahin mit 2 EL Zitronensaft, 3 EL Wasser und etwas Salz verrühren, 1/2–1 Knoblauchzehen dazupressen. Sauce und Fleisch beiseitestellen.

3 Pommes nach Packungsangabe backen. Petersilie waschen und grob hacken. Fleisch dünn aufschneiden, mit Petersilie, etwas Tabasco und Olivenöl mischen. Tomaten waschen, dünn aufschneiden. Tortillas nach Packungsangabe erwärmen. Fleisch, Pommes und Tomaten darauf verteilen. 2 EL Sauce daraufgeben. Tortillas aufrollen (s. Seite 5). Übrige Pommes dazu servieren.

WAS IST EIN SCHAWARMA?

In Dubai oder überhaupt im Nahen Osten ist es ein verbreitetes Fast Food, dem türkischen »Döner« sehr ähnlich: Mariniertes Fleisch wird lagenweise auf einen Spieß gesteckt, der senkrecht vor einer Flamme rotiert. Das gegrillte Fleisch wird von oben nach unten abgeschnitten, mit anderen Zutaten in dünnes Fladenbrot gerollt und sofort aus der Hand gegessen.

HÄHNCHEN-WRAPS
MIT ROQUEFORT

we love
blue
cheese

30 g Walnusskerne
300 g Hähnchenbrustfilets
3 EL Olivenöl
Salz | Pfeffer
150 g Staudensellerie mit Grün
50 g Rucola

80 g Roquefort (oder anderer
  Blauschimmelkäse)
3 EL saure Sahne
1 EL Obstessig
1 Packung Tortilla-Wraps (280 g, 4 Stück)
40 g getrocknete Kirschen
  (ersatzweise getrocknete Cranberrys)

Für 2 Personen | Zubereitung **30 Min.** | Pro Person ca. **960 kcal, 58 g EW, 39 g F, 90 g KH**

1 Walnüsse hacken. Fleisch in etwa 1 cm große Würfel schneiden. Nüsse in einer beschichteten Pfanne ohne Fett bei mittlerer Hitze goldbraun rösten, herausheben. 1 EL Öl in der Pfanne erhitzen, Fleisch darin rundum in 5 Min. goldbraun braten, salzen und pfeffern. Abkühlen lassen.

2 Sellerie waschen und putzen. Blättchen hacken, Stangen in 1/2 cm dünne Scheiben schneiden. Rucola verlesen, waschen und trocken schleudern. Rucola nach Belieben grob hacken.

3 40 g Roquefort mit einer Gabel fein zerdrücken. Mit saurer Sahne, 2 EL Olivenöl und Essig verrühren, salzen und pfeffern. Selleriegrün dazugeben, Sellerie und Fleisch untermischen.

4 Tortillas nach Packungsangabe erwärmen. Die Sellerie-Hähnchen-Mischung darauf verteilen, dabei rundum einen 2 cm breiten Rand frei lassen. Rucola und Kirschen auf das Fleisch geben. Zum Schluss den restlichen Roquefort daraufkrümeln. Die Tortillas an den Rändern einschlagen und aufrollen (s. Seite 5).

COUSCOUS-WRAPS
MIT RATATOUILLE

französi-
sche Orient-
küche

1 Paprikaschote (150 g)
1/2 Zucchino (150 g)
1/2 Aubergine (150 g)
1 Zwiebel
2 EL Olivenöl
100 g Pizzatomaten (aus der Dose)

1 TL getrocknete Kräuter der Provence
1 Knoblauchzehe | Salz | Pfeffer
60 g Couscous
3 Stängel Basilikum
100 g Ziegenfrischkäse
1 Packung Tortilla-Wraps (280 g, 4 Stück)

Für 2 Personen | Zubereitung **50 Min.** | Pro Person ca. **705 kcal, 28 g EW, 21 g F, 97 g KH**

1 Backofen auf 200° vorheizen. Paprikaschote, Zucchino und Aubergine waschen, putzen und in 2 cm große Würfel schneiden. Zwiebel schälen, längs halbieren und in 1/2 cm schmale Halbringe schneiden. Das Gemüse mit 1 EL Öl in einer ofenfesten Form mischen. Auf dem Rost im Ofen (Mitte; Umluft 180°) 20 Min. braten.

2 Pizzatomaten und Kräuter der Provence mischen. Knoblauch schälen und dazupressen, alles salzen und pfeffern. Mit dem Gemüse mischen und weitere 20 Min. im Ofen schmoren.

3 Inzwischen 1 EL Öl in einem kleinen Topf erhitzen, dann den Couscous hineingeben und bei mittlerer Hitze unter Rühren 1 Min. braten. 150 ml Wasser und etwas Salz dazugeben. Zugedeckt auf dem ausgeschalteten Herd 5 Min. quellen lassen. Anschließend Couscous mit einer Gabel auflockern und mit dem Gemüse mischen.

4 Basilikum waschen, die Blättchen in feine Streifen schneiden und unter den Frischkäse mischen. Tortillas nach Packungsangabe erwärmen, Basilikum-Frischkäse darauf verstreichen, dabei rundum einen 2 cm breiten Rand frei lassen. Gemüse-Couscous daraufgeben, Tortilla-Ränder einschlagen und die Tortillas aufrollen (s. Seite 5).

Tex-Mex-Küche

NACHO-TELLER
MIT RIND UND AVOCADOSALSA

1 Zwiebel | 1 Knoblauchzehe
2 EL Öl
1/2 TL Kreuzkümmelsamen
200 g Rinderhackfleisch
3 Tomaten (ca. 300 g)
1/2–1 rote Chilischote

1 reife Avocado
3 EL Limettensaft
1/2 Bund Koriandergrün | Salz
1 Packung Tortillachips (125 g)
60 g Cheddar (grob gerieben), ersatzweise
   anderer Hartkäse

Für 2 Personen | Zubereitung **40 Min.** | Pro Person ca. **975 kcal, 37 g EW, 74g F, 43 g KH**

1 Zwiebel und Knoblauch schälen und würfeln bzw. hacken. Öl erhitzen, Zwiebel und Kreuzkümmel darin dünsten, bis die Zwiebel glasig ist. Das Hackfleisch dazugeben und grob krümelig braten. Inzwischen Tomaten waschen und die Stielansätze entfernen. 2 Tomaten grob würfeln und mit dem Knoblauch zum Hackfleisch geben und unterrühren. Alles offen bei mittlerer Hitze schmoren, bis die Sauce dickflüssig ist.

2 Die übrige Tomate quer halbieren, entkernen und würfeln. Chilischote längs halbieren, entkernen und fein hacken. Avocado längs halbieren und entkernen. Fruchtfleisch mit einem großen Löffel aus den Schalen heben und würfeln. Erst mit Limettensaft, dann mit Tomatenwürfeln und Chili mischen. Korianderblättchen abzupfen, grob hacken und untermischen. Die Salsa salzen.

3 Backofengrill vorheizen. Die Tortillachips auf zwei ofenfeste Teller verteilen. Hackfleischsauce salzen, auf die Chips geben und mit Cheddar bestreuen. Im Ofen auf dem Rost (oben) in 3–4 Min. goldgelb übergrillen. Avocadosalsa daraufgeben und servieren.

WIE KANN ICH DIE TORTILLACHIPS ÜBERBACKEN, WENN MEIN BACK-OFEN KEINE GRILLFUNKTION HAT?

In diesem Fall den Backofen auf 220° vorheizen. Die gefüllten Teller auf den Rost in der Back-ofenmitte stellen und 8–10 Min. gratinieren.

KLASSIKER
NEU
GEFÜLLT

mit Parmesan-Kick

CAESAR-SALAD-WRAPS
MIT HUHN

8 Thymianzweige ++ 1 Knoblauchzehe ++ 4 EL Zitronensaft ++ 4 EL Olivenöl ++ schwarzer Pfeffer ++ 2 Hähnchenbrustfilets ++ 3 EL Mayonnaise ++ 1 EL extrascharfer Senf ++ 1–2 TL Worcestersauce ++ Salz ++ 1/2 Römersalatherz ++ 30 g Parmesan ++ 4 Cheesewraps

Für 2 Personen | Zubereitung **20 Min.** | Marinierzeit **30 Min.**
Pro Person ca. **905 kcal, 53 g EW, 45 g F, 71g KH**

1 Thymianblättchen abzupfen, Knoblauch schälen und durchpressen. Beides mit 2 EL Zitronensaft, 1 EL Öl und etwas Pfeffer mischen. Mit dem Fleisch in einem Gefrierbeutel gut mischen und 30 Min. marinieren.

2 Mayonnaise, Senf, Worcestersauce, 2 EL Zitronensaft, 2 EL Öl, Salz und Pfeffer verrühren. Salat putzen und quer in fingerdicke Streifen schneiden. Parmesan raspeln.

3 Öl in einer beschichteten Pfanne erhitzen. Das Fleisch darin bei mittlerer Hitze auf jeder Seite 6 Min. braten, dabei nach dem Wenden salzen.

4 Tortillas nach Packungsangabe erwärmen. Fleisch quer in Scheiben schneiden. Die Sauce auf den Tortillas verstreichen, rundum einen 2 cm breiten Rand frei lassen. Mit Salat, Hähnchenbrust und Parmesan belegen. Ränder einschlagen und die Tortillas aufrollen (s. Seite 5).

SPINAT-WRAPS

edel gewickelt

MIT MANGO UND SCHINKEN

125 g Mozzarella
60 g Serrano- oder Parmaschinken
50 g junger Blattspinat
1 reife Mango (350 g)
1 TL grüner Pfeffer (aus dem Glas; abgetropft)
1 EL weißer Aceto balsamico

Salz
1 EL Olivenöl
3 Stängel Basilikum
25 g Pinienkerne
4 Soft-Tortillas (1/2 Packung à 300 g)
60 g Joghurt-Frischkäse

Für 2 Personen | Zubereitung **25 Min.** | Pro Person ca. **885 kcal, 38 g EW, 38 g F, 97 g KH**

1 Mozzarella in 1 cm kleine Würfel schneiden, zwischen zwei Lagen Küchenpapier abtropfen lassen. Schinken quer in 2 cm breite Streifen schneiden. Spinat verlesen, waschen und trocken schleudern. Mango schälen, Fruchtfleisch vom Stein schneiden und würfeln (siehe Tipp).

2 Pfeffer hacken. Essig mit etwas Salz verrühren, Pfeffer und Öl untermischen. Mit Spinat, Mozzarella und Mango mischen. Basilikumblättchen abzupfen und unterheben. Pinienkerne in einer Pfanne ohne Fett goldbraun rösten, herausheben.

3 Tortillas nach Packungsangabe erwärmen. Mit Frischkäse bestreichen, dabei rundum einen 1 cm breiten Rand frei lassen. Schinken darauf verteilen, Spinatsalat daraufgeben und mit Pinienkernen bestreuen. Tortilla-Ränder einschlagen und die Tortillas aufrollen (s. Seite 5).

WIE VERARBEITE ICH EINE MANGO?

Die reife Frucht als erstes am besten mit einem Sparschäler schälen. Dann quer zum Stein eine dünne Scheibe abschneiden, damit die Mango stehen kann. Fruchtfleisch rechts und links parallel zum Stein abschneiden, restliches Fruchtfleisch mit einem kleinen Messer ablösen. Fruchtfleisch würfeln.

HÄHNCHEN-QUESADILLAS

mit Jalapeño-Kick

je 1/2 TL edelsüßes und rosenscharfes
  Paprikapulver
3 EL Öl
1 Knoblauchzehe
1 Hähnchenbrustfilet (ca. 180 g)
Salz

50 g Rucola
6 Cocktailtomaten
1 kleine rote Zwiebel
100 g Bergkäse, frisch gerieben
1 EL Jalapeño-Chilis (abgetropft, Glas)
4 Soft-Tortillas (1/2 Packung à 300 g)

Für 2 Personen | Zubereitung **30 Min.** | Pro Person ca. **765 kcal, 48 g EW, 29 g F, 75 g KH**

1 Beide Paprikapulver mit 2 EL Öl verrühren. Den Knoblauch schälen und dazupressen. Das Fleisch damit rundum bestreichen. Eine Grillpfanne erhitzen, 1 EL Öl darin verlaufen lassen. Die Hähnchenbrust darin 10 Min. grillen, dabei einmal wenden. Nach dem Wenden salzen und herausheben.

2 Rucola verlesen, waschen und trocken schleudern. Die Tomaten waschen und vierteln. Die Zwiebel schälen und sehr fein würfeln. Die Hähnchenbrust quer in dünne Scheiben schneiden.

3 Die Hälfte des Käses auf 2 Tortillas streuen. Zwiebel, Hähnchenbrust, Tomaten, Chilis und Rucola darauf verteilen und mit dem restlichen Käse bestreuen. Mit je 1 Tortilla abdecken.

4 Die Quesadillas nacheinander in einer beschichteten Pfanne ohne Fett bei mittlerer Hitze 3–4 Min. backen, bis der Käse schmilzt und die Tortilla ein wenig bräunt. Obere Tortilla leicht andrücken, die Quesadilla wenden und weitere 3 Min. backen. Quesadillas in je 4 Stücke schneiden und servieren.

WIE WENDE ICH EINE QUESADILLA, OHNE DASS SIE DABEI KAPUTTGEHT?

Das geht am besten mit einem flachen Topfdeckel. Quesadilla mit einem Pfannenwender vorsichtig anheben und mit der gebackenen Seite auf den Deckel gleiten lassen. Pfanne über die Quesadilla stülpen, Pfanne und Deckel umdrehen und die Quesadilla fertigbacken.

auch als
Amuse
geule

WRAP-SNACKS
MIT PUTENSCHNITZELN

je 1/2 Bund Koriandergrün
   und Thai-Basilikum
15 g frischer Ingwer
1 Knoblauchzehe
1/2–1 rote Chilischote
3 EL Erdnusscreme »crunchy«
2 EL Sojasauce

2 TL geröstetes Sesamöl
2 dünne Putenschnitzel (à 150 g)
2 EL Öl
4 Salatblätter (z. B. Lollo bionda oder heller
   Eichblattsalat)
2 Tortilla-Wraps
2 EL süß-scharfe Chilisauce

Für 2 Personen | Zubereitung **40 Min.** | Pro Person ca. **805 kcal, 56 g EW, 28 g F, 78 g KH**

1 Die Kräuter waschen, die Blättchen abzupfen und hacken. Ingwer dünn schälen, Knoblauch schälen. Ingwer und Knoblauch fein hacken. Chilischote längs halbieren, entkernen und fein hacken. Mit Kräutern, Erdnusscreme, Ingwer, Knoblauch, Sojasauce und Sesamöl verrühren.

2 Die Schnitzel nacheinander zwischen Frischhaltefolie am besten mit einem Stieltopf flach klopfen. Mit der Kräuterpaste bestreichen, dabei rundum einen 1 cm breiten Rand frei lassen. Schnitzel von einer breiten Seite fest aufrollen und mit Zahnstochern fixieren.

3 Öl in einer großen Pfanne erhitzen, die Rouladen darin rundum in 10 Min. goldbraun braten. Herausheben und etwas abkühlen lassen. Salat waschen und trocken schleudern. Ohne den Strunk in 12 große Stücke zupfen.

4 Tortillas nach Packungsangabe erwärmen und in je 6 Stücke (wie Tortenstücke) schneiden. Jedes dünn mit Chilisauce bestreichen. Zahnstocher aus den Schnitzelrollen nehmen, jede Rolle in 6 Stücke schneiden. Je 1 Tortillastück mit Salat und 1 Stück Roulade belegen und fest zusammenrollen. Mit Spießen feststecken und servieren.

TACOSHELLS

MIT LAMMGYROS

gut
gefüllt

1 Lammrückenfilet (ca. 220 g)
je 1 TL getrockneter Thymian und Oregano
1 TL rosenscharfes Paprikapulver
3 EL Öl | 1 Knoblauchzehe
1 Bio-Zitrone | Salz
150 g Sahnejoghurt (10% Fett)

1/2 Bund Dill (ersatzweise TK-Dill)
1 Römersalatherz
200 g Tomaten
2 Zwiebeln
1 Packung Tacoshells (12 Stück;135 g)
nach Belieben Pul Biber (s. Tipp)

Für 2 Personen | Zubereitung **30 Min.** | Pro Person ca. **670 kcal, 29 g EW, 39 g F, 50 g KH**

----

1 Lammfleisch waagerecht halbieren und quer in dünne Streifen schneiden. Thymian, Oregano, Paprikapulver und 2 EL Öl verrühren. Knoblauch schälen und dazupressen, das Fleisch untermischen und abgedeckt beiseitestellen.

2 Zitrone heiß waschen, abtrocknen und 1 TL Schale fein abreiben, 1 EL Zitronensaft auspressen. Schale, Saft, 1 Prise Salz und Joghurt verrühren. Dill waschen und trocken schütteln. Dillspitzen abzupfen, hacken und unter den Joghurt rühren.

3 Salat putzen, längs halbieren und quer in 1 cm breite Streifen schneiden. Tomaten waschen, trocknen und längs halbieren, Stielansätze entfernen. Tomaten quer in Scheiben schneiden.

4 Zwiebeln längs halbieren, schälen und quer in 1/2 cm dünne Streifen schneiden. 1 EL Öl in einer beschichteten Pfanne erhitzen, Zwiebeln darin unter Rühren glasig braten. Inzwischen die Tacoshells nach Packungsangabe erwärmen. Zwiebeln aus der Pfanne heben. Fleisch im Bratfett bei starker Hitze 5 Min. unter Rühren braten, dann salzen. Die Zwiebeln unter das Fleisch mischen. Tacoshells mit Salat, Tomaten und Lammgyros füllen und Zitronen-Dill-Joghurt sowie Pul Biber nach Belieben dazu servieren.

WAS IST PUL BIBER UND WO KANN ICH ES KAUFEN?

Das ist eine türkische Gewürzmischung, die vor allem eines ist: scharf! Sie besteht aus geschroteten Chilischoten und ist in türkischen Geschäften erhältlich. Ersatzweise eine getrocknete Chilischote mittelfein zerstoßen. Oder Sie nehmen Chiliflocken.

CHILI-AUFLAUF
SIN CARNE

Mit Knusper-Kick

1 kleine Dose Kidneybohnen
   (125 g Abtropfgewicht)
1 kleine Dose Maiskörner
   (140 g Abtropfgewicht)
1 rote Zwiebel | 1 Knoblauchzehe
1 rote Paprikaschote
je 1/2 TL Kreuzkümmel- und Koriandersamen

1 EL Öl | Salz
1 Dose Pizzatomaten (400 g)
1 TL getrockneter Oregano
je 1 TL edelsüßes und rosenscharfes Paprikapulver
80 g Tortillachips
60 g geraspelter Cheddar oder Chiligouda

Fü Personen | Zubereitung **45 Min.** | Pro Person ca. **690 kcal, 24 g EW, 27 g F, 89 g KH**

1 Bohnen und Maiskörner in ein Sieb schütten, kalt abspülen und gut abtropfen lassen. Zwiebel und Knoblauch schälen. Zwiebel fein würfeln. Paprika vierteln, putzen und waschen. Die Viertel 1 cm groß würfeln. Kreuzkümmel und Koriander in einer Pfanne ohne Fett bei mittlerer Hitze rösten, bis sie anfangen zu duften. Herausheben. Backofen auf 200° (Umluft 180°) vorheizen.

2 Öl in einer Pfanne erhitzen, Zwiebel und Paprika darin dünsten, bis die Zwiebel glasig ist. Knoblauch dazupressen und kurz mitdünsten. Inzwischen Kreuzkümmel und Koriander im Mörser fein zerstoßen. In die Pfanne geben. Pizzatomaten, Mais, Bohnen, Oregano und beide Paprikapulver dazugeben und alles aufkochen. Offen bei mittlerer Hitze 5 Min. kochen lassen, dann salzen.

3 Gemüsemischung in zwei flache ofenfeste Formen verteilen. Tortillachips hineinstecken und alles mit Käse bestreuen. Jeden Auflauf auf dem Rost im Ofen (Mitte) 10 – 12 Min. überbacken.

WAS GIBT ES
EIGENTLICH
FÜR PAPRIKA-
PULVER-SORTEN?

Im Gewürzregal findet man immer süßes
und scharfes Pulver. Im Gewürzhandel
oder gut sortierten Kaufhäusern kann
man geräuchertes Paprikapulver aus
Spanien bekommen. Diese Variante ver-
leiht dem Chili sin carne eine rauchige
Note – unbedingt ausprobieren.

WRAPS & TACOS CROSSOVER

Gruß aus
Bayern

WEISSWURST-WRAPS
MIT LAUGENCROÛTONS

1 TK-Laugenbrezel zum Fertigbacken ++ 4 große Salatblätter ++ 1/2 Bund Radieschen (ca. 150 g) ++ 2 Weißwürste ++ 3 EL Mayonnaise ++ 1 EL scharfer Senf ++ 4 TL süßer Senf ++ 2 EL Schnittlauchröllchen ++ 1 Packung Tortilla-Wraps (280 g, 4 Stück)

Für 2 Personen | Zubereitung **35 Min.** | Pro Person ca. **930 kcal, 25 g EW, 56 g F, 81 g KH**

1 Backofen auf 180° vorheizen. Brezel nach Packungsangabe antauen lassen und mit einem scharfen Messer in 1/2 cm kleine Stücke schneiden. Auf einem mit Backpapier ausgelegten Blech verteilen und 10 Min. (Mitte, Umluft 160°) backen. Abkühlen lassen.

2 Inzwischen Salat waschen, trocken schleudern und klein zupfen. Radieschen putzen, waschen und in dünne Scheiben hobeln oder schneiden. Weißwürste pellen, längs halbieren und in 1/2 cm dicke Scheiben schneiden. Mayonnaise, beide Senfsorten und Schnittlauch verrühren.

3 Tortillas nach Packungsangabe erwärmen. Mit Senf-Mayonnaise bestreichen, dabei rundum einen 2 cm breiten Rand frei lassen. Erst Salat, dann Radieschen, Weißwurst und Laugencroûtons auf der Mayonnaise verteilen, an den Rändern einschlagen und aufrollen (s. Seite 5).

TORTILLA-PIZZA
MIT RUCOLA

schlägt jeden Pizza-service

125 g Mozzarella
1 TL grüner Pfeffer (abgetropft, aus dem Glas)
125 g Cocktailtomaten
1 Packung Tortilla-Wraps (280 g, 4 Stück)
4 EL Tomatenpesto (aus dem Glas)
Salz
60 g Rucola

Für 2 Personen | Zubereitung **25 Min.** | Pro Person ca. **665 kcal, 26 g EW, 29g F, 70 g KH**

1 Den Backofen auf 200° (Umluft nicht empfehlenswert) vorheizen. Den Mozzarella trocken tupfen und in kleine Würfel schneiden. Den Pfeffer hacken und mit Mozzarella mischen. Die Tomaten waschen und quer halbieren.

2 Die Tortillas mit je 1 EL Tomatenpesto bestreichen und auf zwei mit Backpapier belegte Backbleche legen. Tomaten und Pfeffer-Mozzarella auf den Tortillas verteilen, salzen.

3 Bleche mit den Tortillas nacheinander im Backofen (Mitte) in 6–8 Min. goldbraun backen. Inzwischen den Rucola verlesen, waschen und trocken schleudern. Die Tortilla-Pizzen damit garnieren und sofort servieren.

VARIANTEN
Der Fantasie sind kaum Grenzen gesetzt: Pizzen nach dem Backen zusätzlich mit Parmaschinken oder marinierten Garnelen (Kühlregal) belegen. Ein wunderbares Raucharoma bekommen die Pizzen, wenn Sie Scamorza (geräucherten Mozzarella) verwenden.

SUSHI-WRAPS
MIT GARNELEN UND AVOCADO

japanisch gewickelt

60 g eingelegter Sushi-Ingwer
   (aus dem Asienladen)
80 g Rundkornreis | Salz
3 EL Reisessig
150 g TK-Garnelen (gegart, aufgetaut)
1 kleine Salatgurke (ca. 180 g)

3–4 Frühlingszwiebeln
1 reife Avocado
1 TL Wasabipulver (Asienladen)
1 EL Sojasauce | 1 EL Mayonnaise
1 Packung Tortilla-Wraps (280 g, 4 Stück)
4 Noriblätter (Asienladen)

Für 2 Personen | Zubereitung **35 Min.** | Abkühlzeit **30 Min.**
Pro Person ca. **990 kcal, 33 g EW, 36 g F, 130 g KH**

1 Ingwer in einem Sieb abtropfen lassen. Reis mit 200 ml Salzwasser zugedeckt aufkochen. Bei schwacher Hitze in 25 Min. ausquellen lassen. Essig unterrühren, Reis in eine Schale geben und 30 Min. abkühlen lassen.

2 Garnelen trocken tupfen und in 2 cm große Stücke schneiden. Gurke streifig abschälen, längs vierteln und entkernen. Fruchtfleisch 1 cm groß würfeln. Frühlingszwiebeln putzen, waschen und schräg in 1/2 cm feine Ringe schneiden. Ingwer fein hacken. Avocado längs halbieren und entkernen. Das Fruchtfleisch mit einem großen Löffel aus den Schalen heben und würfeln.

3 Wasabi mit 1 EL kaltem Wasser und Sojasauce verrühren, unter den Reis mischen. Mayonnaise, Garnelen, Gurke, Frühlingszwiebeln und Avocado unterheben.

4 Tortillas nach Packungsangabe erwärmen. Noriblätter in einer trockenen Pfanne 20 Sek. rösten. Auf jede Tortilla 1 Noriblatt legen, Reismischung darauf verteilen, Ränder einschlagen und die Tortillas aufrollen (s. Seite 5). Nach Belieben mit Schnittlauch garnieren.

VARIANTE

Statt der Garnelen können Sie auch gewürfelten Räucherlachs oder Surimi verwenden.

mit Koriander-Kick

WRAPS
À LA PEKINGENTE

1 kleine Salatgurke (ca. 200 g)
1 Entenbrustfilet (ca. 300 g)
2 EL Sojasauce | Salz
Cayennepfeffer

3–4 Frühlingszwiebeln
100 g Eisbergsalat | 1/2 Bund Koriandergrün
1 Packung Tortilla-Wraps (280 g, 4 Stück)
4 EL Hoisinsauce (Asienladen)

Für 2 Personen | Zubereitung **40 Min.** | Pro Person ca. **700 kcal, 40 g EW, 18 g F, 90 g KH**

1 Die Gurke waschen, streifig abschälen und raspeln. Mit etwas Salz mischen und in einem Sieb abtropfen lassen.

2 Die Entenbrust häuten. Die Entenhaut in eine beschichtete Pfanne ohne Fett legen, mit Alufolie bedecken und mit einem Topf beschwert bei mittlerer Hitze langsam kross ausbraten. Das Fleisch waagerecht halbieren. Die Scheiben einzeln zwischen Frischhaltefolie am besten mit einem Stieltopf 1/2 cm flach klopfen und rundum mit Sojasauce bestreichen.

3 Haut aus der Pfanne nehmen, auf Küchenpapier abkühlen lassen. Fett in ein Schälchen geben. Das Fleisch trocken tupfen und rundum mit 1 EL Entenfett bestreichen und mit Cayennepfeffer und Salz würzen. 1 TL Entenfett in der Pfanne erhitzen, Fleisch darin auf jeder Seite 3 Min. braten. Herausnehmen und beiseitestellen.

4 Frühlingszwiebeln putzen, waschen und schräg in sehr feine Ringe schneiden. Eisbergsalat quer in feine Streifen schneiden. Koriander waschen und trocken schütteln. Blättchen abzupfen. Entenfleisch und -haut quer in Streifen schneiden.

5 Tortillas nach Packungsangabe erwärmen. Je 1 EL Hoisinsauce darauf verstreichen, mit Salat, Gurke, Koriander, Entenfleisch und -haut belegen. Die Tortillas aufrollen (s. Seite 5).

mit Frische-Kick

GRIECHISCHE
BAUERNSALAT-WRAPS

1 Dose Kichererbsen (400 g)
1 Bio-Zitrone
1 TL Kreuzkümmelsamen
1 Knoblauchzehe | Salz
3 EL Olivenöl
40 g Kalamata-Oliven (mit Stein)

2 Tomaten (180 g)
1 kleine Salatgurke (ca. 180 g)
1/2 gelbe Paprikaschote
2–4 grüne Peperoni (aus dem Glas)
4 Chili Jalapeño Wraps
100 g Feta

Für 2 Personen | Zubereitung **25 Min.** | Pro Person ca. **770 kcal, 32 g EW, 24 g F, 104 g KH**

1 Die Kichererbsen in ein Sieb schütten, kalt abspülen und abtropfen lassen. Zitrone heiß waschen, abtrocknen und 1 TL Schale fein abreiben, den Saft auspressen. Kreuzkümmel in einer Pfanne ohne Fett rösten, bis er anfängt zu duften. Im Mörser fein zerstoßen. Knoblauch schälen und durchpressen. Kichererbsen, Kreuzkümmel, Knoblauch, Zitronenschale, 2 EL Zitronensaft und etwas Salz fein pürieren. Das Öl dazugeben und alles pürieren.

2 Das Olivenfruchtfleisch vom Stein schneiden. Die Tomaten waschen und grob würfeln, dabei die Stielansätze entfernen. Die Gurke waschen, streifig schälen, längs vierteln und in 2 cm große Stücke schneiden. Die Paprika putzen, waschen und quer in dünne Streifen schneiden. Die Peperoni in fingerbreite Stücke schneiden.

3 Tortillas nach Packungsangabe erwärmen. Je 1 EL Kichererbsenmus darauf verstreichen, dabei einen 2 cm breiten Rand frei lassen. Tomaten, Gurke, Peperoni und Oliven darauf verteilen. Feta darüberkrümeln. Ränder einschlagen und die Tortillas aufrollen (s. Seite 5).

HÄHNCHENCURRY-WRAPS

 MIT REIS

2 Hähnchenbrustfilets (à 150 g)
200 g Sahnejoghurt (10 % Fett)
Salz
1 TL Currypaste (nach Geschmack)
75 g Basmatireis

1 kleine Salatgurke (ca. 180 g)
3–4 Frühlingszwiebeln
3–4 Stängel Pfefferminze | 1 EL Öl
1 Packung Chapatis (240 g, 4 Stück)
2–3 EL Mangochutney (Glas)

Für 2 Personen | Zubereitung **1 Std.** | Pro Person ca. **795 kcal, 47 g EW, 17 g F, 106 g KH**

1 Fleisch längs in je 4 gleich dicke Streifen schneiden, diese quer halbieren. 50 g Joghurt mit etwas Salz und Currypaste verrühren. In einem Gefrierbeutel mit dem Fleisch mischen und gut einmassieren. 30 Min. bei Zimmertemperatur marinieren, dabei gelegentlich durchmischen. 180 ml Salzwasser mit Reis zugedeckt aufkochen. Bei schwacher Hitze 30 Min. quellen lassen.

2 Gurke streifig abschälen, längs vierteln und entkernen, 1 cm groß würfeln. Frühlingszwiebeln putzen, waschen und schräg in 1/2 cm feine Ringe schneiden. Minze waschen, trocken schütteln und die Blättchen grob hacken. Alles mischen. Öl in einer beschichteten Pfanne erhitzen, Fleisch darin bei starker bis mittlerer Hitze 8 Min. braten, dabei salzen und gelegentlich wenden.

3 Chapatis nach Packungsangabe erwärmen. 150 g Joghurt und Chutney verrühren, Chapatis damit bestreichen, dabei rundum einen 2 cm breiten Rand frei lassen. Gurkenmischung unter den Reis mischen und auf den Chapatis verteilen. Hähnchenfleisch darauf verteilen, Ränder einschlagen und die Chapatis aufrollen.

WAS SIND DENN CHAPATIS?

Das ist indisches Fladenbrot und wird ähnlich wie Tortillas aus Vollkornmehl gebacken. Man bekommt es im gut sortierten Supermarkt.

TACOSHELLS
MIT CHORIZO-RÜHREI

Mexican Stlye

300 g Tomaten
1/2–1 grüne Chilischote
2 Frühlingszwiebeln
1 EL Limettensaft
Salz | Zucker
1/2 Bund Koriandergrün

1 kleine grüne Paprikaschote (150 g)
120 g Chorizo im Stück (s. Tipp)
1 EL Öl
4 Eier (Größe M)
4 EL Milch
1 Packung Tacoshells (12 Stück, 135 g)

Für 2 Personen | Zubereitung **25 Min.** | Pro Person ca. **885 kcal, 38 g EW, 60 g F, 49 g KH**

1 Tomaten waschen, halbieren und entkernen. Fruchtfleisch ohne Stielansätze in 2 cm große Würfel schneiden. Chilischote längs halbieren, entkernen und fein hacken. Frühlingszwiebeln putzen, in feine Ringe schneiden. Mit Tomaten, Chili, Limettensaft und etwas Salz und Zucker mischen. Korianderblättchen abzupfen, grob hacken und untermischen. Beiseitestellen.

2 Paprika putzen, entkernen und waschen. Das Fruchtfleisch in 1 cm große Würfel schneiden. Chorizo ebenso würfeln. Öl in einer beschichteten Pfanne erhitzen. Paprika und Chorizo darin bei mittlerer Hitze unter Rühren 6 Min. dünsten.

3 Inzwischen Eier, Milch und etwas Salz verquirlen. In die Pfanne geben und stocken lassen, Rührei dabei vom Rand zur Mitte schieben. Inzwischen die Tacoshells nach Packungsangabe erwärmen. Mit Rührei und Koriander-Tomaten füllen und servieren.

WIE KANN ICH CHORIZO ERSETZEN?

Chorizo ist eine salami-ähnliche Wurst aus Spanien, die mit geräuchertem Paprikapulver gewürzt wird. Sie bekommen sie im gut sortierten Supermarkt. Wenn Sie nicht fündig werden, können Sie Cabanossi nehmen.

Unsere Garantie

Alle Informationen in diesem Ratgeber sind sorgfältig und gewissenhaft geprüft. Sollte dennoch einmal ein Fehler enthalten sein, schicken Sie uns das Buch mit dem entsprechenden Hinweis an unseren Leserservice zurück. Wir tauschen Ihnen den GU-Ratgeber gegen einen anderen zum gleichen oder ähnlichen Thema um.

Liebe Leserin und lieber Leser,

wir freuen uns, dass Sie sich für ein GU-Buch entschieden haben. Mit Ihrem Kauf setzen Sie auf die Qualität, Kompetenz und Aktualität unserer Ratgeber. Dafür sagen wir Danke! Wir wollen als führender Ratgeberverlag noch besser werden. Daher ist uns Ihre Meinung wichtig. Bitte senden Sie uns Ihre Anregungen, Ihre Kritik oder Ihr Lob zu unseren Büchern. Haben Sie Fragen oder benötigen Sie weiteren Rat zum Thema? Wir freuen uns auf Ihre Nachricht!

Wir sind für Sie da!

Montag – Donnerstag: 8.00 – 18.00 Uhr;
Freitag: 8.00 – 16.00 Uhr
Tel.: 0180-5 00 50 54* *(0,14 €/Min. aus
Fax: 0180-5 01 20 54* dem dt. Festnetz/
Mobilfunkpreise
E-Mail: können abweichen.)
leserservice@graefe-und-unzer.de

P.S.: Wollen Sie noch mehr Aktuelles von GU wissen, dann abonnieren Sie doch unseren kostenlosen GU-Online-Newsletter und/oder unsere kostenlosen Kundenmagazine.

GRÄFE UND UNZER VERLAG
Leserservice
Postfach 86 03 13
81630 München

Der Autor

Kay-Henner Menge ist Diplom-Oecotrophologe und hat sein Hobby Kochen zum Beruf gemacht. Er arbeitet für mehrere Zeitschriften in der Versuchsküche eines großen Verlages als Rezeptautor und Foodstylist. Daneben schreibt er Kochbücher. Für dieses Buch hat er sich von allen Küchen der Welt inspirieren lassen.

Der Fotograf

Klaus-Maria Einwanger ist selbstständiger Fotograf in Rosenheim. Vor Ort und im Ausland arbeitet er für Zeitschriften, Buchverlage und Werbeagenturen. Kreativ setzt er dabei Food-Spezialitäten aus aller Welt perfekt ins Bild. Für das Foodstyling war **Sven Dittmann** zuständig.

Bildnachweis

Alle Bilder Klaus-Maria Einwanger, Rosenheim

© 2009 GRÄFE UND UNZER VERLAG GmbH, München

Alle Rechte vorbehalten. Nachdruck, auch auszugsweise, sowie Verbreitung durch Film, Funk, Fernsehen und Internet, durch fotomechanische Wiedergabe, Tonträger und Datenverarbeitungssysteme jeglicher Art nur mit schriftlicher Genehmigung des Verlages.

Programmleitung: Doris Birk
Leitende Redakteurin: Stephanie Wenzel
Redaktion: Stefanie Poziombka
Lektorat: Adelheid Schmidt-Thomé
Korrektorat: Susanne Elbert
Layout, Typographie und Umschlaggestaltung: Lucie Schmid, independent Medien-Design, München
Illustrationen Seite 4, 48 und U3: Harold Lazaro, Backyard10, München
Satz: abavo GmbH, Buchloe
Herstellung: Claudia Labahn
Reproduktion: Wahl Media GmbH, München
Druck und Bindung: Druckhaus Kaufmann, Lahr

ISBN 978-3-8338-1427-3

1. Auflage 2009

GRÄFE UND UNZER

Ein Unternehmen der
GANSKE VERLAGSGRUPPE

ÜBER DEN TELLERRAND

1 Uralt Archäologische Funde zeigen, dass die Urein-wohner in Mexiko schon vor etwa 6000 Jahren die Körner einer Pflanze (Teosinte) sammelten und nutzten. Mais spielte bei den Indios eine zentrale Rolle; sie kultivierten ihn zum Backen von Tortillas und aßen ihn mit Bohnen. Heute wissen wir: Die Eiweiße von Mais und Bohnen ergänzen sich ernährungsphysiologisch ideal. Mit den Stängeln der Maispflanzen deckten die Indios ihre Hütten, aus den Hüllblättern der Kolben flochten sie Körbe und Matten. **2 Kleine Esel** Die können ganz schön viel tragen und heißen auf spanisch Burritos. In der Mex-Küche sind Burri-tos große Weizentortillas, die mit pikantem Inhalt beladen und gerollt werden. Sie wurden erfunden, damit Cowboys ihr täglich Brot ohne Aufwand und Besteck zu sich nehmen konnten. Essen ohne Aufwand ist auch heute gefragt. Kein Wunder, dass sich aus dem Vorgängermodell (Burrito) sozusagen die A-Klasse (Wraps) entwickelt hat. **3 Besen-Stil und Farben-Mix** Ein findi-ger »cocinero« (mexikanische Küchenfee) hatte mal zu viel Teig für Maistortillas und kam auf die Idee, ausgerollte Tortillas über